AF363404

RIMES MARITIMES

PARIS-PLAGE

PAR

Léon BARAT

SE TROUVE A LA

LIBRAIRIE
DE LA FRANCE ARMÉE
PARIS *Seine*
28, Avenue Bugeaud, 28

NOUVELLE LIBRAIRIE
CENTRALE
PARIS-PLAGE
Près Étaples (Pas-de-Calais)

1887

Léon BARAT

PARIS-PLAGE

DÉDICACE

A MADAME M. F.

Dès les âges les plus antiques
Tout se passait comme aujourd'hui :
De tout temps le soleil a lui
Sur les rois et les républiques.

Vainement aux pas gymnastiques
Le temps rapide s'est enfui,
La terre obéit malgré lui
A des règles mathématiques.

Omphale, Circé, Dalila,
Cléopâtre sont toujours là,
Comme Samson et comme Hercule.

Pourquoi se creuser le cerveau,
Répète-t-on, c'est ridicule
D'en penser tirer du nouveau.

Plus d'un sceptique affirme et jure
Qu'aucuns spectacles inconnus,
Depuis des siècles révolus,
N'apparaissent dans la nature.

Pour démentir cette imposture,
Ces préjugés trop répandus,
Deux vers que nul n'a jamais lus
Vont commencer cette brochure.

Jamais sur leur premier feuillet,
Hugo, Zola, Daudet, Feuillet,
Sadi, Virgile, Horace, Homère,

N'ont mis ces mots affectueux :
« *Dédiée à ma belle-mère*
« *Par son gendre respectueux.* »

PARIS-PLAGE

PAR

Léon BARAT

SE TROUVE A LA

LIBRAIRIE	NOUVELLE LIBRAIRIE
DE LA FRANCE ARMÉE	CENTRALE
PARIS (*Seine*)	PARIS-PLAGE
28, Avenue Bugeaud, 28	Près Étaples (*Pas-de-Calais*).

1887

OUVERTURE DE SAISON

Le rude hiver, Dieu soit béni !
A pris son bàton de voyages.
Mon vieux, to bon temps est fini,
Il faut déguer sans ambages.

L'oiseau chante : Turlututu.
Les fleurs s'appellent à la ronde.
Adieu, père Hiver, car, vois-tu,
Chacun a son tour en ce monde.

Adieu, vieux père Lustucru ;
Bougon, geignard, sombre et morose.
Les frais boutons ont reparu,
Bientôt reparaîtra la rose.

Adieu, prépare ton paquet ;
La nature fait sa toilette ;
La plage a pris un air coquet ;
On sent déjà la violette.

Chaque matin, nous allons voir
Maître Soleil rentrer en scène.
Paris-Plage va recevoir
Les Parisiens de Paris (Seine).

PARIS-PLAGE

Lorsque l'été darde ses flammes
Sur le boulevard encombré,
Heureux qui peut fendre les lames
De joie et d'air pur enivré !
Aux bords où la vague déferle
On entend sur le sapin vert
A plein gosier chanter le merle.
Salut les arbres et la mer !

Ici, la mer immense et fière
Roule ses flots audacieux ;
Là, la verdure printanière
Monte en souriant vers les cieux.
Ici, vaste miroir tragique,
L'Océan hurle à l'horizon.
Là, c'est un feuillage magique
Que respecte toute saison.

Pêcheurs, l'Océan vous appelle,
Hissez les voiles ! En avant !
Le ciel est pur, la mer est belle ;
Que Dieu vous accorde un bon vent !
Le navire, comme une flèche.
Voltige gaîment sous les cieux.
Que Dieu vous donne bonne pêche,
Vous ramène les fronts joyeux !

Et vous baigneurs, race volage,
Gens oisifs ou gens fatigués ;
Que Dieu vous donne sur la plage
Un doux repos, des rêves gais !
Ou bien, puisque dans ce bas monde,
Tout est contraste et goûts divers,
A deux pas de la mer qui gronde
Endormez-vous sous les pins verts.

NICOLAS BARAT

L'ancêtre Nicolas, de race berrichonne,
N'eut point l'esprit fort gai, ni l'humeur folichonne.
Il était fait pour vivre au fin fond d'un désert.
Il ne recherchait point les villes ni la mer ;
Le calme, les bouquins jaunis, la solitude,
Le plongeaient dans la joie et la béatitude ;
Il préférait au monde un manuscrit poudreux,
Tout souillé par les doigts des écrivains hébreux.

Hélas ! tout aujourd'hui décline et dégénère :
Et pour moi, campagnard, de Breux originaire,
Fils d'un bourg où le chaume abrite encor les toits,
Qui, dès mes jeunes ans, bégayant le patois,
Ai des champs et des prés respiré l'atmosphère,
Lorrain mal transformé, tout ce que j'ai pu faire
Après bien des efforts, après bien des essais,
Ce fut de m'exprimer à peu près en français.

Aussi, les durs labeurs qui remplirent la vie
Du docte hébraïsant ne m'ont point fait envie ;
Et j'aime cent fois mieux qu'un livre oriental
Des oiseaux réveillés le refrain matinal,
Le parfum des sapins, la causette, ou le rêve
Que font naître les flots sur le bord de la grève.

BONNE AVENTURE

Oui ! sur ces bords jadis hantés par les Normands,
Nous verrons se dresser de nouveaux monuments,
Les chalets pousseront comme ont poussé les frènes
Et feront reculer les sables, les garennes,
Les dunes, en un mot le désert d'autrefois.
La ville grandira comme a grandi le bois.
Ainsi qu'aux jours passés, aux jours de Charle-
                                    [magne,
Du Nord et du Midi, de toute la campagne,
Des fermes, des hameaux et des bourgs. les mar-
                                    [chands
Apporteront encor les produits de leurs champs
Et le gousset garni rentreront au village.
L'antique Quentovic, devenu Paris-Plage.
Orgueil de nos aïeux, des rois gallo-romains
Reverra l'étranger envahir ses chemins :

L'avenir est brillant si le passé fut triste,
Voici venir l'Anglais, le baigneur, le touriste ;
Les échos sont troublés de rires éclatants :
Et l'horloge a sonné l'heure des nouveaux temps.
Hier, tout était deuil ; aujourd'hui tout est fête.
Paris-Plage redit les mots du saint prophète :
— « D'où donc, comme à l'envi viennent de tous
          [côtés
« Ces enfants qu'en mon sein je n'avais point
          [portés ? »
Mais du moins que la ville étincelante et neuve
Qui s'étendra bientôt de l'Océan au fleuve,
De son humble passé garde le souvenir,
Et plus tard, au milieu de sa gloire à venir
Se rappelle ceux qui, dans ses jeunes années,
Avaient eu les premiers foi dans ses destinées.

QUENTOVIC

La ville s'étalait sur les bords de la Canche.
C'était une cité superbe. Le dimanche,
Les marchands encombraient à l'envi ses chemins ;
Elle était fière, l'or coulait à pleines mains ;
La France y coudoyait la prochaine Angleterre.
Sur ses marchés gisaient tous les fruits de la terre,
Et dans ses magasins gigantesques, les yeux
Admiraient le travail d'un peuple industrieux ;
Ses hommes étaient forts, ses femmes étaient belles ;
Riches ses monuments, ses maisons, ses chapelles ;
Chaque soir, l'habitant calme et laborieux
Sous la garde du roi fermait gaîment ses yeux ;
Car ces murs, disparus sans laisser nulle trace,
Faisaient l'orgueil des rois de la première race.
On y battait monnaie et, voisine de l'eau,
Elle avait adopté pour emblème un vaisseau.

On racontait pourtant qu'un vieux barde , un
[vieux sage,
L'esprit un jour frappé d'un funeste présage,
Traversant par hasard l'opulente cité,
S'était, les yeux en pleurs, tout à coup arrêté,
Et baissant vers le sol sa grande tête blanche,
S'était assis pensif sur le bord de la Canche.

Hommes, femmes, enfants, coururent au vieillard.

Et chacun le prenait et le tirait à part :

« Bon vieillard, vous pleurez : vous avez faim,
[sans doute :
« Vous êtes trop âgé pour vous remettre en route ;
« Vous pleurez ! La fatigue a brisé vos genoux ;
« Voulez-vous nous porter bonheur ? Venez chez
[nous.
« Vous y serez choyé tout comme un patriarche ;
« Plus tard, si vous voulez reprendre votre marche,
« Il serait temps encor dans trois ou quatre jours.
« Ou bien, pourquoi ne pas vous asseoir pour
[toujours
« Ainsi que notre aïeul à votre humble demeure
« Jusqu'au moment fixé pour votre dernière heure?

Le vieux barde pleurait toujours; il répondit :

— « O la race maudite ! O le peuple bandit
« Qui doit un jour venir écraser sous les flammes,
« Ces monuments sacrés, ces hommes et ces
                                        [femmes !
« C'est pour vous que mes pleurs coulent, et non
                                        [pour moi :
« J'entends des chants de deuil, j'entends des cris
                                        [d'émoi.
« Pourquoi les flots n'ont-ils point réduit en épaves
« Les vaisseaux des brigands, les barques scandi-
                                        [naves ?
« Quentovic a péri ; je vois en frémissant
« La Canche avec les morts rouler des flots de sang.
« Fuis, peuple généreux ; car, dans quelques années
« Le jour viendra, le jour des sombres destinées ! »

Il dit. Puis reprenant son bâton à la main,
L'apôtre aux blancs cheveux se remit en chemin ;
Il était déjà loin du côté de l'aurore
Que le peuple tremblait et l'écoutait encore.

Pendant les soirs d'hiver, pendant des jours entiers
La triste prophétie effrayant les foyers,
Courut de rue en rue, et la ville anxieuse
Interrogeait la mer calme et mystérieuse ;
Mais rien n'apparaissait jamais à l'horizon
Et la sécurité rentra dans la maison.

On avait du passant presque oublié l'histoire,
Lorsqu'un dimanche — un jour de soleil et de
[foire —
La Canche retentit d'horribles hurlements
De hourrahs furieux.
                    Or, c'étaient les Normands.

Tout ce que le vieillard avait dit sur la Canche,
Tout fut, de point en point, accompli ce dimanche ;
L'enfant fut massacré près de son père en deuil :
De larges flots de sang rougirent chaque seuil.
Rougirent les ruisseaux, rougirent la rivière.
Quand le soir descendit, la ville tout entière
De lugubres débris n'était plus qu'un amas :
Et l'on n'apercevait plus qu'à peine les mâts
Des vaisseaux emmenant ces étrangers infâmes,
Qui, chargés de trésors et de bijoux de femmes,
Tout fiers de leurs exploits, de leur œuvre de mort,
Chantaient des airs joyeux en voguant vers le Nord.

UNE NOUVELLE VILLE

J'ai chanté des villes antiques
Fières d'un passé glorieux
Inscrit en pages héroïques
Dans le livre d'or des aïeux :

Aux poudreuses bibliothèques
J'allais demandant leurs secrets,
Ressuscitant les vieux évêques
Redressant les vieilles forêts.

J'ai refait les vieilles histoires
Avec des bouts dépareillés ;
Je ne quittais les vieux grimoires
Qu'après les avoir dépouillés.

Pour un temps je laisse dans l’ombre
Ce passé qui fit mes amours ;
Passé tantôt gai, tantôt sombre,
Pour m’occuper des nouveaux jours.

Maintenant que l’âge me presse,
Il me semble me rajeunir
En venant parler de jeunesse
En venant parler d’avenir.

RIEN DE NOUVEAU

L'antiquité n'est pas si vieille
Que l'on veut bien le raconter :
Sitôt que paraît la bouteille,
Qu'elle commence à glouglouter,
Chacun de rire à bouche pleine
Ou de chanter à pleine voix :
Tu le vois bien, mon vieux Silène,
Bacchus est dieu comme autrefois.

La boisson blonde et délectable
Due aux houblons des bords du Rhin,
Règne aujourd'hui sur notre table
Et Gambrinus est souverain.
Mais il est bon qu'on le remarque,
Pour conquérir ce haut destin,
Germain ou Flamand, ce monarque,
Dut s'affubler d'un nom latin.

Tout être qui vit et respire
Tremble encor devant Cupidon ;
Et Vénus étend son empire
Des bords du Tibre à ceux du Don.
Tout genou se plie auprès d'elle
Et tout homme adore, dompté,
La toute puissance immortelle,
L'immortelle divinité.

Chacun, sitôt que Juin allume
Ses feux ardents sur l'horizon,
Met le cap sur le train qui fume,
Quitte pour un temps sa maison,
Se console sur le rivage,
De ses fatigues de dix mois,
Et gaiement chante à Paris-Plage :
Neptune est dieu comme autrefois.

LE PETIT PARISIEN

Un jour Paris, seigneur de bonne mine
Se promenait sur le bord de la mer !
Il entendit au seuil d'une chaumine
Une fillette entonner un vieil air.
Il n'était pas d'une humeur très sauvage
Et du beau sexe adorait l'entretien.
Il s'arrêta pensif sur le rivage ;
On est galant quand on est Parisien.

— « En vérité, vous chantez à merveille,
La belle enfant », lui dit-il tout à coup.
Toute surprise, elle devint vermeille
Du haut du front jusques au bas du cou
Car bien souvent dans ce lointain parage,
Aucun Français, et même aucun Chrétien,
Des mois entiers, ne montrait son visage,
Lorsqu'apparut le joli Parisien.

Enfin pourtant, la timide fauvette
Sentit son cœur qui se raffermissait.
Une heure au moins, on tailla la bavette.
Fillette en train, vous savez ce que c’est.
Seigneur Paris, après ce bavardage,
Dit : Votre nom ? — Et le vôtre ? — Le mien,
J’ai nom Paris — Moi, je m’appelle Plage.
— Un joli nom, fit le beau Parisien.

Elle n’avait dans cette solitude
Jamais connu qu’un pêcheur assez vieux,
Au front rugueux, à la voix sombre et rude,
De très grands pieds, et de très petits yeux.
Mais presque seul, en dépit de son âge
Il s’ennuyait et desséchait, si bien
Qu’il laissa là Mademoiselle Plage.
— C’est désolant, reprit le Parisien.

Seigneur Paris, pendant cette parlotte,
Réfléchissait sans en rien laisser voir,
Du coin de l’œil guignait la matelotte...
Un petit pied, un grand sourcil fort noir.
Le teint hâlé par le ciel et l’orage,
Bouche moyenne et l’œil plus que moyen.
Telle était donc Mademoiselle Plage.
— Fort bien, pensait notre Argus parisien.

Il est connu que les gens de la Seine
Sont très retors au sujet des amours,
Et l'on vit donc une admirable scène ;
Seigneur Paris fit d'éloquents discours.
Ce fut en vain ; car la belle était sage ;
Latin et grec n'aboutirent à rien.
— Si cependant... ? — Mademoiselle Plage,
Que voulez-vous ? dit l'ardent Parisien.

La matelotte était habile et fine :
— « Ce que je veux? Cherchez quelques instants. »
Ce que voulait la belle, on le devine ;
Seigneur Paris ne chercha pas longtemps.
Elle voulait, par droit de mariage,
Un autre nom à mettre auprès du sien.
C'était bien court aussi ce nom de Plage.
Il l'avoua, l'amoureux Parisien.

On fut quérir maire, curé, notaire,
Et l'on dit *Oui*, près d'un petit rocher,
D'où l'on peut voir les phares d'Angleterre
Lorsque le jour commence à se coucher.
Tout fut bien fait, et demoiselle Plage
Lorsque l'hymen eût noué son lien
Accoutuma Paris à l'esclavage ;
Ça file doux, un mari parisien.

Pour ce motif, la plus grande harmonie
Soir et matin, règne dans la maison ;
Et la splendeur du jour n'est point ternie
Par nul brouillard planant sur l'horizon.
Pour compléter le bonheur du ménage,
Un fils est né qui déjà sans soutien
Gambade et trotte... il a nom *Paris-Plage*.
Il grandira, car il est Parisien.

LA CRÉATION D'UNE FORÊT

Or, voilà cinquante ans, un demi-siècle au plus,
Sur le bord de la mer, les voyageurs perdus
Dans les immensités d'une plaine déserte,
Sans le moindre buisson, sans la moindre herbe
[verte,
Des humains ignorée et vide de maison,
Allaient, n'en croyant point leurs yeux ni leur
[raison,
Et sur un sol privé de vie et d'espérance
Pensaient s'être égarés loin du pays de France.

Ils marchaient, étonnés, sur des sables mouvants
Du jour au lendemain déplacés par les vents ;
La tempête, en colline ardue et désolée
En une heure parfois changeait une vallée.

3

Un soir un homme vint.

         Sur la mer, sous les cieux,
Tout, à l'entour de lui, restait silencieux ;
Et pas un son n'aurait interrompu ses rêves
Sans le mugissement des flots le long des grèves.
Il s'arrêta.

        Des jours entiers, le front songeur,
Bâton au poing, sueur au cou, le voyageur,
Ainsi qu'un inspiré parcourut ces rivages ;
Tandis que les oiseaux de mer de cris sauvages
Faisaient fuir tout à coup les lapins effrayés
Lui trottait par le sable et les champs non frayés,
Et malgré l'ouragan et la grève et la dune,
De ce Sahra français préparait la fortune ;
Montrant enfin le ciel de ses bras hasardeux.
Le désert l'entendit lui crier :

                — A nous deux !

Et dès lors, c'en est fait : dans cette plaine immense,
Entre la mer et l'homme une guerre commence.
Dès lors, chaque heure est bonne à de nouveaux
                    [combats ;
L'arbrisseau qui grandit, la mer le jette à bas.
Guerre de jour, de nuit ; guerre sans paix ni trêve,
Du Nord au Sud, d'un bout à l'autre de la grève,

L'ouragan, arrêté par les pins inconnus,
Se lance avec fureur sur les nouveaux venus,
Gronde avec plus de bruit, fait rage et se démène.
Qui donc l'emportera? La patience humaine
Ou bien les éléments contre elle réunis?

Tout est dit maintenant ; les combats sont finis.
La nature vaincue accepte sa défaite ;
La forêt a grandi, les oiseaux sont en fête,
Et chantent à cœur joie au milieu des rameaux.
Vous êtes à présent chez vous, frênes, ormeaux ;
De ses rayons surpris le même soleil dore
Le hêtre, le bouleau, l'aune et le sycomore ;
Et de joyeux concerts s'échappent par milliers
Des branchages touffus et verts des peupliers.
Ils chantent quels efforts, quels labeurs difficiles
Pour la gent emplumée, ont fondé ces asiles ;
Et de leur créateur les pins audacieux
Portent avec orgueil la gloire jusqu'aux cieux ;
Et l'on croit dans le vent, dans la mer, dans le sable,
Entendre retentir son nom impérissable.

CHATEAU DE SABLE

Ce n'était pas loin de la Canche ;
C'était à côté de la mer.
Deux marmots, le poing sur la hanche,
Se regardaient d'un drôle d'air.

La colère arrachait des larmes
A ces minuscules guerriers
Que dans deux bottes de gendarmes
On eût engloutis tout entiers.

Ils prenaient des mines farouches
Tout en se mesurant des yeux ;
Et l'on entendait de leurs bouches
Sortir des propos odieux.

Aussi désirai-je connaître
La cause de ce grand courroux
Et quel motif avait fait naître
La guerre entre nos tourlourous.

Or, nos deux moutards sur la plage,
Amis comme frères de lait,
Avec le sable du rivage,
Venaient de bâtir un chalet.

Une fois le château de terre
Enfin élevé, grand émoi !
Paul dit : J'en suis propriétaire.
Pierre répliqua : Non, c'est moi.

Oh ! la pauvre nature humaine !
Comme elle change en peu d'instants !
L'amitié se transforme en haine
Et les amis en combattants.

Car les voilà prêts à se battre,
Poings fermés, cheveux hérissés ;
Vainement, je me mets en quatre
Pour calmer leurs sens courroucés

La mer, au milieu de leur rage,
Tout à coup mouilla leurs souliers.
Cela mit un terme à l'orage,
Apaisa nos petits guerriers.

Car en envahissant la plage
Le flot soudain avait bientôt
De ce courroux, de ce tapage,
Détruit la cause, le château.

ENFANTS DE PARIS

Pauvres petits enfants de la grande cité,
Ah ! combien parmi vous, qui, l'hiver ni l'été,
Ne savourent jamais l'odeur de la campagne.
C'est en vain que le pré, la mer ou la montagne
Offrent un air plus pur pour les poumons aigris,
Vous ne franchirez pas les murailles de Paris :
Vous ne connaîtrez point le vallon ni la plaine ;
Jamais de l'Océan une enivrante haleine
A vos corps affaiblis ne rendra la santé :
Pauvres petits enfants de la grande cité.

Et combien d'entre vous, disparus avant l'âge
Qui s'ils avaient couru la forêt ou la plage,
Aspiré le parfum des sapins enivrants,
Auraient, comme Chevreul, dépassé les cent ans !
Mais les grandes leçons de la nature sainte
De ce Paris géant ne passent point l'enceinte.

Ils sont nombreux, ceux qui consumeront leurs
[jours
Dans les taudis étroits des populeux faubourgs,
Dans les grandes maisons, véritables casernes,
D'où l'on ne voit jamais les foins ni les luzernes,
Où jamais un air pur ne souffle en liberté.
Pauvres petits captifs de la grande cité !

LE TURCO

La tenue africaine est rare à Paris-Plage :
J'y fis florès, soit dit sans fard.

                Sur mon passage
Plus d'un se retournait ; il faut vous dire aussi
Que j'étais dans ce temps beau garçon, Dieu merci !
La veste de turco m'habillait à merveille ;
J'étais splendide avec mon turban sur l'oreille,
Souliers de fantaisie avec guètres d'été,
La cigarette en bouche et le sabre au côté.

Tout fier de mon costume et drapé dans ma gloire
— L'homme est présomptueux — j'avais fini par
                        [croire
Qu'une blonde, fût-elle un dragon de vertu,
Ne pouvait dédaigner un gars ainsi vêtu.

De fait, comme sensible à mes charmes, la belle
A mes discours flatteurs ne fut point trop rebelle
Et m'offrit pour le soir, au coin de la forêt,
Un rendez-vous, bien loin de tout œil indiscret.

Astiqué, pomponné, j'attendais avant l'heure,
La politesse ayant sa dernière demeure,
Comme chacun le sait, chez les turcos d'Oran.

Mais le soleil tombait, le jour allait mourant ;
La nuit qui descendait rafraîchissait la brise.
Les heures tour à tour résonnaient à l'église ;
L'obscurité semblait plus grande à l'horizon.
Les habitants rentraient en fermant leur maison
Et je me trouvai seul à la fin dans la rue
A faire ce qu'on a nommé... le pied de grue.

Lorsque je vis soudain une ombre qui passait.

Je m'avançai vers elle et mon cœur frémissait
Quand...
              C'était un affreux mendiant d'Italie
Qui portait un immense orgue de Barbarie.

Le maudit, comme pour insulter mon tourment,
Fit résonner de sons criards son instrument.
Et — j'en rougis autant que mon fez d'uniforme —
Il se mit à jouer :
              — Attendez-moi sous l'orme.

LINGUISTIQUE

J'étais jeune. C'est l'âge où le cœur aisément
Pour des objets nouveaux s'embrase en un moment ;
Or, le mien fut brûlé par une flamme ardente
Pour... oh ! ne cherchez pas !... pour la langue du
[Dante.
Les lacs suisses, les monts neigeux, les bords du
[Rhin,
J'aurais bien tout donné pour Florence ou Turin.

En ce temps-là, quelqu'un, qui savait ma folie,
Me dit qu'un professeur arrivait d'Italie,
Et près de l'Océan qu'il s'était installé.

Je courus à la gare, ainsi qu'un affolé,
Et dès le même soir je visitai la plage.

Ce que c'est que de nous et que l'homme est volage !

Je n'avais, en partant après tout un été,
Appris que ces deux mots : *Dolce farnienté.*

BAIGNEURS ANGLAIS

Aux siècles écoulés, sitôt qu'on pouvait voir
Débarquer leurs aïeux avec le Prince Noir,
On courait au clocher pour y sonner l'alarme.
Le vieillard se cachait, l'homme aiguisait son arme.
De Picardie en Flandre et de Flandre en Artois,
Le feu montait bientôt et consumait les toits
Et la terre au lointain, de sang toute trempée,
Soudain retentissait de vastes coups d'épée.

Et leurs fils aujourd'hui viennent chercher la paix,
Près de notre océan et de nos bois épais ;
D'autres temps ont surgi : malgré le vieil adage,
Le monde se transforme et change d'âge en âge,
Quentovic ressuscite et s'appelle Paris
S'ils sortaient du tombeau, comme ils seraient
[surpris,

Ayant toujours vécu, glaive au poing, nos ancêtres
En voyant les Anglais venir, non plus en maîtres,
Non plus en ennemis aux combats préparés,
Mais simples visiteurs, touristes désœuvrés,
Travailleurs affamés d'un repos nécessaire !

Car le baigneur a pris la place du corsaire.

BAIGNEURS TOURANGEAUX

Vous m'avez amusé, gens de Tours en Touraine,
Quand près de l'Océan vous arpentiez l'arène ;
Quand votre bonne humeur faisait derrière vous
Retourner nos pêcheurs de votre entrain jaloux.

Les Tourangeaux à jeun sont des gens de mystère ;
Et vous vous demandez, tant ils savent se taire,
Songeant dans leur esprit que le silence est d'or
S'ils ont du sang gaulois ou quelque sang du Nord.

Mais quand vingt Tourangeaux, sur le bord de la
[Canche,
Dans quelque cabaret, s'assemblent un dimanche,
Et que tous les gosiers chantent à l'unisson
Les refrains amoureux d'une vieille chanson,
Et petit à petit quand leur face vermeille
Prend la couleur du vin sorti de la bouteille.

Alors le vieil esprit éclate à pleins poumons,
Comme le vin d'Aï fait sauter les bouchons ;
Des calembours grivois effarouchent la fille,
Le sang, comme du feu, s'allume, l'œil pétille
Et, la chaleur du vin enflammant les palais,
Vous penseriez ouïr vingt petits Rabelais.

AU BAL

Je cherche et ne retrouve pas !
Où donc l'ai-je vue et quand est-ce ?
Chez Madame la vicomtesse ?
Chez le marquis de Carabas ?

Depuis la neige de ses bas
Jusqu'à l'ébène de sa tresse,
Elle a tout l'aspect d'une altesse :
Grande dame du haut en bas.

Au noble quartier de Varenne
Elle dirigerait en reine
Tous les bals et tous les débats.

Morbleu, j'y suis ! c'est une femme
De chambre qui prend ses ébats
Avec les robes de Madame.

LES POISONS

On dit que la nicotine
Que renferme le tabac
Vous abîme l'estomac
Et vous sèche la poitrine.
Mais s'il faut abandonner
Le tabac de contrebande,
La peine serait trop grande,
J'aime mieux m'empoisonner.

On prétend que de trop boire
Vous alourdit le cerveau
Et rapproche le tombeau ;
Je ne sais pas trop qu'en croire.
Mais s'il me faut détourner
Le gosier du petit verre,
Malgré le destin sévère,
J'aime mieux m'empoisonner.

Celui, dit-on, qui se livre
Aux mets fins, aux vins extra,
Le malheureux le paiera
Dans ses derniers jours à vivre.
C'est de quoi vous consterner :
Mais quitter les bonnes tables,
Leurs vins, leurs plats délectables,
J'aime mieux m'empoisonner.

On va même jusqu'à dire
Qu'on ruine sa santé
Et qu'on devient dératé
Quand on aime trop à rire ;
Mais je réponds sans tourner :
S'il faut toujours que l'on pleure
Plutôt mourir avant l'heure !
J'aime mieux m'empoisonner.

On prétend que les amours
Sont les fléaux de la terre,
Qu'ils brisent le caractère
Et qu'ils attristent nos jours.
Je réponds pour terminer
Que s'il faut couler sa vie
Sans aimer fille jolie,
J'aime mieux m'empoisonner.

UNE ENSEIGNE DE RESTAURANT

Si c'est de l'argent comptant qu'on apporte,
Bien. C'est pour entrer qu'est faite la porte.
Mais si vous voulez du crédit, la porte
Est uniquement faite pour qu'on sorte.

LES PHARES DE DOUVRES

Lorsque sur l'horizon s'étend un voile épais,
Quand sur la mer, la nuit répand l'ombre et la paix,
Le calme inquiétant et le profond mystère,
Au lointain, tout à coup, les phares d'Angleterre
S'allument, tout pareils à distance, aux deux yeux
Enflammés et brillants d'un géant furieux.

AU BORD DE L'EAU

(Traduit de Schiller.)

LE FILS DU PÊCHEUR chantant dans sa barque.
(Musique du Ranz des Vaches.)

L'onde sourit ; elle invite à la nage.
Le jeune homme endormi, sur l'herbe de la plage,
Entend un son aussi charmant
Que celui de la flûte ou que la voix d'un ange
Qui chante dans le firmament ;
Et soudain réveillé par un plaisir étrange,
De toutes parts il voit avec émoi
Les eaux autour de lui s'amonceler en cime.
« Mon fils, tu m'appartiens, crie au fond de l'abîme
Une voix que l'enfant entend avec effroi,
Je séduis le dormeur et l'entraîne avec moi. »

Le Berger, chantant sur la montagne.
(Variation du Ranz des Vaches.)

Adieux, prés verts, adieux, radieux pâturages ;
        Recevez l'adieu du vacher,
        L'été fuit loin de vos rivages,
Ce sont les fiers sommets que nous allons chercher ;
        . Vous nous verrez nous rapprocher
Le jour où le coucou criera dans la verdure,
Où de nouveau les chants égaieront la nature,
Où le sol reprendra des fleurs pour sa parure,
        Où sous l'ombrage bien aimé
Les ruisseaux couleront dans les splendeurs de Mai.
Adieux, prés verts, adieux, radieux pâturages ;
        Recevez l'adieu du vacher ;
Ce sont les fiers sommets que nous allons chercher ;
        L'été fuit loin de vos rivages.

Le Chasseur paraît en face sur le sommet du rocher.
(Seconde variation du Ranz des Vaches)

Voyez les monts frémir et trembler le sentier ;
        Mais le tireur ne sait point s'effrayer,
        Parmi les routes insensées,
Il marche hardiment sur les plaines glacées ;
        Là, jamais l'éclat du printemps,
Ni sous leur vert manteau d'arbustes éclatants ;

Mais la mer de brouillards sous ses pieds étendue.
Il ne reconnaît pas les villes des humains ;
          Les déchirements de la nue
Lui montrent seuls le monde et les chemins
          Et bien au-dessous du nuage,
          La campagne et le vert feuillage.

RUODI.

Amène le bateau, Jenny, ne soit pas long ;
Car voici le bailli grisâtre du vallon ;
Le glacier a grondé sourdement ; sur sa tête
Mythen met son bonnet ; le trou de la tempête
Nous envoie un air froid, qui nous vient avertir
Que l'orage est plus près qu'on ne croit pressentir.

KUONI.

Il pleuvra, batelier ; mes brebis avec rage
Broutent avec entrain le gazon du rivage ;
Comme il flaire le sol, le gardien des moutons !

WERNI.

Les poissons font des sauts dans le lac des cantons
Et la poule d'eau plonge. A bientôt la tempête.

KUONI, à son fils.

Dans le troupeau, Suppi, manque-t-il point de bête

SUPPI.

On entend les grelots de Lisette au poil brun.

KUONI.

C'est bien, alors ; la bande est complète ; pas un
Du reste du troupeau ne s'éloigne autant qu'elle.

RUODI.

Bravo, maître berger, votre sonnaille est belle.

WERNI.

Et le troupeau, parbleu, n'est-il pas aussi beau ?
Est-ce à vous, mon pays, qu'appartient le troupeau ?

KUONI.

Je ne suis pas si riche ; il est à notre maître,
Baron d'Attinghausen, et je le conduis paître.

RUODI.

Cette vache est superbe avec ce collier là...

KUONI.

Et sait qu'elle conduit la troupe avec cela
Et ne mangerait plus si j'osais le lui prendre.

RUODI

Bonhomme ! un animal qui ne peut rien com-
[prendre... !

LA QUADRATURE DU CERCLE

O prodige incroyable ! O curieux spectacle !
Chacun levait les bras en criant au miracle.
Le gros baigneur Arthur, cet énorme baron,
Tout gras, tout potelé, tout obèse, tout rond,
Était dans l'eau, vêtu d'une tunique blanche.
Et tous de s'écrier !
                    Car il faisait la planche.

AU CAFÉ

Elles sont deux qui chaque soir
Aussitôt sept heures sonnées,
A mon café viennent s'asseoir
Pour finir gaiement leurs journées.

Ce sont deux sœurs assurément :
Il va sans dire que si l'une
Est blonde comme un Allemand,
L'autre a la chevelure brune.

Mais le même nez aquilin
Fait le centre de leur figure,
Et plus fins cent fois que le lin
Sont les fils de leur chevelure.

Pendant que leur père avec soin
Sur le billard vert s'étudie
Et qu'il accule dans un coin
Les trois boules pour la série,

Ou qu’à l’autre bout du billard
Une boule blanche rencontre
Tour à tour sa sœur à l’écart,
Puis la rouge, malgré le contre,

Les filles, d’un autre côté,
Savourent l’orgeat ou la bière
Et s’amusent à l’écarté
Avec Marius et Jean-Pierre.

A ce jeu, je suis peu savant
Et j’en ignore le langage,
Mais je les entends fort souvent
Dire le mot de mariage.

Oui, mariage. — Et là-dessus,
— Je ne sais ce qu’ils veulent dire —
Les voilà comme des bossus
Qui se mettent tout quatre à rire.

VŒUX INUTILES

Je sais une plage superbe
Où je voudrais fixer mes jours.
Les fleurs étincellent dans l'herbe,
Les oiseaux y parlent d'amours.
Je serais heureux d'y construire
Un modeste et mignon chalet
D'où j'entendrais la mer bruire....
Ah ! si ma femme le voulait !

Chaque saison, une hirondelle
Viendrait y fixer son séjour,
On ouïrait l'hôte fidèle
Chantonner gaiement nuit et jour.
Et nous verrions par la fenêtre
Son ventre blanc comme du lait
Tantôt paraître ou disparaître.
Ah ! si ma femme le voulait !

Nous irions pêcher la crevette
Au petit jour, chaque matin,
Écouter gémir la fauvette,
Respirer le parfum du thym ;
Admirer dans sa tentative
Le marin jetant son filet,
Ou regagnant joyeux la rive,
Ah ! si ma femme le voulait !

Au bord de l'océan qui gronde,
Sous le firmament étoilé,
Nous oublirions le bruit du monde,
Paris, ce géant affolé ;
Son air impur, ses petits squares,
L'omnibus toujours au complet
Et les horribles tintamarres.
Ah ! si ma femme le voulait !

Hélas ! Voilà le grand obstacle
L'Océan n'est pas fait pour moi.
Elle préfère le spectacle ;
Un grand bal la met en émoi.
Il faudra reprendre la chaine.
Adieu, le sable et le galet.
A bord, il n'est qu'un capitaine.
Ah ! si ma femme le voulait !

LE TIR SUR LA PLAGE

Elle porte une carabine
Au canon de brillant acier ;
L'officier a sur la poitrine
La croix de Wœrth et de Coulmier ;

Mulâtre de la Martinique
Dont le teint est plus noir que brun
Qui sous l'obus ou le tropique
Gagna ses grades un par un.

A vingt-cinq mètres de la cible
Elle ajuste, et quoiqu'en tremblant
Un peu, penche son cou flexible
Comme celui d'un cygne blanc.

Près du but, l'officier l'admire,
L'œil fixé sur son grand œil bleu,
Elle a bien pris le point de mire
Et touche la gâchette, feu !

La cible étant un peu lointaine,
Je suis myope et n'y puis voir ;
Mais dans les traits du capitaine
Je lis qu'elle a mis dans le noir.

LE BOULEAU

Le cœur rempli de mon Omphale
Je m'arrêtai le long de l'eau
Et gravai son initiale
Sur une écorce de bouleau.

Point de beauté ne vaut la sienne,
Point d'yeux aussi noirs que ses yeux,
Elle a des mains de patricienne,
Ses petits pieds sont encor mieux.

Et quoique de toute ma force
J'eusse tenu mon fer serré
Afin d'incruster sur l'écorce
Son nom mille fois adoré,

Pourtant sous l'effort de ma lame
Il s'est marqué bien moins profond
Qu'il ne l'est au fond de mon âme
Et dans mon cœur et dans mon front.

Auprés du sien j'ai voulu mettre
Mon nom aussi sur le bouleau ;
Hélas ! à la première lettre,
Hélas ! j'ai cassé mon couteau.

LE CHEVALIER NOCTURNE

(Traduit d'Uhland.)

Sous mon balcon, la nuit obscure,
Il vint en galant troubadour
Et me chanta d'une voix pure
Les plus douces chansons d'amour.

Alors, des jaloux l'assaillirent,
Son courage n'a point failli :
Les flammes des glaives jaillirent
Et les vieux murs ont tressailli.

L'honneur qu'on doit aux nobles dames,
Le preux me l'a si bien rendu,
Que mon cœur était tout en flammes
Pour ce généreux inconnu.

Enfin l'obscurité se passe
Et j'accours voir tout en émoi ;
Hélas ! il ne restait de trace
Que son sang répandu pour moi.

DIANE CHASSERESSE

La voyez-vous déjà debout pour la chasse ? C'est
[Diane ;
Cependant, le soleil au rayon diaphane,
N'apparaît qu'à demi dans les cieux empourprés,
Et le feu du matin dore à peine les prés.

Elle a les mollets nus, ainsi qu'une tzigane ;
Elle est gaie, elle est fière, elle chante et ricane
A l'aspect du carquois où les traits sont serrés ;
Le bois est dur ; les bouts en sont bien acérés.

Elle est belle vraiment, la Diane chasseresse ;
Je plains le sanglier, le cerf ou la tigresse
Qui la rencontreront aux bois mystérieux.

Mais je plains encor plus que la biche en détresse,
Le malheureux chasseur qui s'emplira d'ivresse
Et qui perdra la tête à voir ses deux grands yeux.

ÉTRANGÈRES

J'en connais plus d'un qui raffole
Des brunes enfants du Midi
Et qui choisit pour son idole
Quelque sémillante Espagnole,
Au pied mignon, au front hardi ;

Ou bien encore la Grecque altière
Qui vous subjugue en souriant,
Antique beauté régulière,
Qui recèle sous sa paupière
Toutes les flammes d'Orient ;

Ou bien encore une Romaine,
Comme Byron les adorait,
Qui porte des cheveux d'ébène,
Des mains d'enfant, un front de reine
Et des yeux où l'on se noierait ;

Les Mauresques sombres et graves,
Qui, brisant des fers insultants,
Cessent désormais d'être esclaves
Et chargent d'autres des entraves
Qu'elles portèrent trop longtemps.

Mais vive l'enfant de Norwège,
L'astre de leurs rudes climats,
Dieu la fit peut-être, que sais-je !
Pour y faire oublier la neige
Et pour compenser les frimats.

ÉCHECS

Sur un grand jeu d'échecs pour les marches
[savantes,
Si l'on veut en jouant des personnes vivantes,
Se mette qui voudra pion, cavalier ou roi,
Ces postes ne sont faits ni pour vous ni pour moi.
Nos rôles à tous deux sont choisis ; dans l'arène,
Je servirai de fou, vous servirez de reine.

MA BIEN AIMÉE

O bien aimée au teint vermeil,
Je te serai toujours fidèle ;
Ta couleur d'or est aussi belle
Que les blés brillant au soleil.
Ton front me sourit à toute heure ;
Et quand près de toi chaque soir
Ami constant je viens m'asseoir,
Je te trouve toujours meilleure.

Noble enfant du pays lorrain,
Ta bonne humeur, ta blonde face
Me disent les coteaux d'Alsace,
La Crusne, la Meuse et le Rhin.
Tu n'es point d'une humeur jalouse
Et tu ris lorsque tu me vois
Songer aux amours d'autrefois,
A Longuyon, Metz ou Mulhouse.

Quand Strasbourg voyait ses enfants
Mourir, gigantesque holocauste,
Tu n'as point déserté ton poste
Devant les Germains triomphants,
Et quand les Badois avec rage
Bombardaient ses murs affligés,
Toujours fidèle aux assiégés,
Tu leur inspirais le courage.

Tous les émigrés alsaciens
Te connaissent et te bénissent
Et c'est près de toi qu'ils s'unissent
Pour reparler des jours anciens.
Quand une blanche collerette
Entoure ton beau cou doré,
On croit que leur sol adoré
Les a suivis dans la retraite.

Et puis tu ne sourcilles pas
Lorsque la pipe est allumée,
Et qu'un nuage de fumée
Epaisse cache tes appas.
Et si quelque fumeur s'arrête
Et remet sa pipe à l'étui,
Tu parais gazouiller vers lui :
— Allume au moins ta cigarette.

Ceux qui t'adorent sont nombreux,
Pour chacun, tu garde un sourire,
Ta bonté calme le délire
Et tu ne fais que des heureux.
A voir ton front couleur de cuivre,
Je reviens à de doux pensers ;
Et sous l'ardeur de tes baisers,
Il arrive que je m'enivre.

Que ne puis-je avec toi passer
Chacun des jours que Dieu me donne,
Toi, toujours fraîche et toujours bonne
Et fidèle sans te lasser !
Et quand je serai dans la bière,
Que ceux qui suivront mon convoi,
S'en consolent auprès de toi :
Celle que j'aime, c'est la bière.

JEAN ET MARGUERITE

(Traduit d'Uhland.)

ELLE.

Toi qui sans cesse me regarde
En tous lieux où je puisse aller,
Prends garde à tes yeux, prends-y garde
Mon cher, tu pourrais t'aveugler.

LUI.

Combien as-tu tourné la tête
Pour compter mes regards ravis !
Prends garde à ta gorge coquette,
Prends bien garde au torticolis.

CHEVAUX DE BOIS

La jeunesse était cavalière
Dans les époques d'autrefois;
Pour monter aux chevaux de bois
On se pressait à la barrière.

Maintenant, cette humeur guerrière
N'est que le lot des frais minois;
Quant à nos garçons, je les vois
Rester volontiers en arrière.

En vain, dans les cirques déserts,
L'orchestre entonne de grands airs,
L'industriel tend la sacoche,

Redouble de cris et d'efforts ;
Ils sont là, les mains dans la poche ;
Les temps héroïques sont morts.

L'ADJUDANT DE SEMAINE

Jean fut ébahi, confondu,
Pris d'une terreur surhumaine,
Quant au cabaret Philomène
Parut à son œil éperdu.

Le pêcheur s'était attendu
A finir gaiement la semaine.
Par le flanc droit ! Elle l'emmène,
Souple, résigné, morfondu.

— « Pas même une absinthe à la gomme ? »
— « Pas un verre d'eau, mon bonhomme :
« Passe devant, et détalons. »

Il faut partir sans faire un signe.
Avec son chef sur les talons,
Comment enfreindre la consigne ?

L'INDISCRÈTE

L'indiscrète écoute à la porte ;
Car il paraît que son amant
Cause depuis un long moment
Avec Jeanne ou Lise, n'importe :

Et que le pauvre malheureux
Est en butte à des flatteries,
Des coups d'œil, des agaceries,
Voire des discours chaleureux.

Or, notre nature est perverse,
Et l'on doit avouer sans fard,
Que l'histoire de Putiphar
Est fort sujette à controverse.

Faible est la chair et prompt l'esprit ;
C'est là parole d'écriture ;
Le sexe fort par sa nature
Prouve le mot de Jésus-Christ.

La curieuse qui les guette,
Change tour à tour de couleur
Et va du rouge à la pâleur,
Et, suivant l'art de la coquette,

Rassérénit parfois son front
Ou parfois donne un pli morose
Aux contours de sa lèvre rose :
Faible est la chair, l'esprit est prompt.

Pour une belle ou l'autre belle,
Ce jour doit être un jour heureux :
Allons-nous-en, je suis honteux
De me voir indiscret comme elle.

LA FOIRE

Le dompteur, aux yeux insultants,
Rencontre plus de résistance ;
Le tigre rugit et lui lance
Des regards très inquiétants.

Pourquoi diantre a-t-il si longtemps
Ce soir prolongé sa séance ?
La fatigue de sa présence
Rend ses prisonniers mécontents.

S'il demeure ainsi dans la cage,
L'homme fort qui dompte la rage
Des loups-cerviers, des lions roux,

Et qui les mène à la baguette,
C'est que sa femme est en courroux
Et qu'à la porte elle le guette.

HUGO

C'est splendide, ces vers de Hugo récités
Sous le feuillage épais des forêts inouïes
Et ces chansons d'amour que nul n'avait ouïes
Qu'au milieu du tumulte accablant des cités.

Vous faites naître au fond de nos cœurs excités
Des fleurs de volupté, trop vite évanouies.
Poésie et nature ! ô sœurs épanouies ;
Vers soufflés par un dieu, sombres immensités !

Ensemble on vous confond, si bien qu'on pense
                                        [entendre
Un ruisseau murmurer des vers d'un accent tendre,
Et couler le poème ainsi que coule l'eau,

Et l'on voit les deux sœurs jumelles, s'unir, comme
Si l'on voyait se joindre en un même tableau,
Les chefs-d'œuvre du ciel aux chefs-d'œuvre de
                                        [l'homme.

Mais sans savoir comment, il m'arrive parfois
D'avoir l'oreille close au chant de la nature.
Une même seconde interrompt ma lecture
Et me rend insensible au murmure des bois.

Oubliant tout à coup le poëte, je vois
Un cavalier poudreux activer sa monture,
Sabre au poing, pistolet passé dans la ceinture
Des sierras d'Aragon aux coteaux bavarois.

Hugo naquit du preux dont je fais la peinture,
Fut Lorrain par le sang et c'est par aventure
Qu'il devait voir le jour parmi les Francs-Comtois.

Nos aïeux, gens de guerre, et non gens d'écriture,
Ont mis vingt ans l'Europe effrayée aux abois.
Ils préféraient la poudre à la littérature.

Ils ne connaissaient pas les Grecs et les Latins ;
La plume dans leurs doigts pesait plus que le sabre ;
Ils avaient, ces géants, dans leur course macabre,
De cadavres jonché les champs les plus lointains.

Oh ! l'étrange existence ! Oh ! les nobles destins !
Le canon qui mugit, le cheval qui se cabre,
Les drapeaux, du Kremlin à la plaine cantabre.
Par la poudre brûlés, par la gloire déteints !

Les Lorrains de ce temps n'étaient point des poëtes;
Mais les combats pour eux étaient autant de fêtes;
Leur science était courte et leurs bras étaient durs.

Ils taillaient à plaisir de leurs larges épées,
Une vaste besogne aux Homères futurs,
Aux bardes à venir, aux faiseurs d'épopées.

GILBERT

Ils sont beaux, et pourtant je n'aime pas tes vers,
J'ai, lorsque je t'ai lu, l'esprit tout à l'envers.
Car, déjà, nous manquons de lumière, et trop
[d'ombre
Obscurcit nos pensers et notre âme est trop sombre ;
La voix de tes douleurs redouble nos douleurs,
Notre malheur s'augmente au chant de tes
[malheurs,
Les fronts de vingt-cinq ans sont gonflés d'amer-
[tume
La vieille humeur gauloise est morte, et tu ral-
[lume,
Quand déjà notre cœur a besoin de soutien,
Tous nos deuils oubliés à la chaleur du tien.

Je n'aime pas tes chants ni ton âme affolée ;
Il me faut Rabelais et sa verve endiablée :
Roger Bontemps joyeux, bon vivant, vieil ami,
Qui chasse à coups de pied, le chagrin endormi ;

Et, pur esprit français, le soir quand je me couche,
Me met au cœur l'entrain, et le rire à la bouche,
Et quels que soient d'ailleurs le talent et l'esprit
Jean qui pleure pour moi ne vaut pas Jean qui rit.
Je voudrais préférer l'écrivain de Lorraine.
Mais l'homme de Meudon, l'orgueil de la Touraine,
Rabelais en un mot, le curé sans pareil,
Verse à plein verre tant de vin blanc ou vermeil,
Tant de joyeuse humeur, tant de verve insensée;
Qu'à mon chevet, ma main ne s'est jamais lassée
A tourner ses feuillets, et que des rêves d'or
Planent pendant la nuit sur mon esprit qui dort.

Des géants inouïs, à figures honnêtes,
Unis pour les festins, chantent des chansonnettes :
Gargantua du jus d'un immense flacon
Remplit un verre, aussi grand que le Panthéon :
Et, dans son estomac, le vin dont il s'abreuve
Se perd, comme un ruisseau dans un fleuve, et le
                                              [fleuve
Dans la mer. C'est à qui s'emplira le gosier,
Gargamelle à grands coups trinque avec Grand-
                                              [gousier,
Et, les sexes mêlés, les joyeux Télémites
Clignent de l'œil, auprès des immenses marmites :

Et tous contents, buvant, riant, chantant gaiement.
Comme il les a créés je les vois en dormant.

Et si, sur l'Océan, quelque tempête horrible
Eclate, et que la foudre avec un bruit terrible
Ebranle en s'abattant les murs de la maison,
J'ai peine à revenir à la triste raison ;
Il me semble que c'est non pas le ciel qui tonne,
Mais bien Gargantua plutôt qui barytonne.

Va, tout homme ici-bas, Gilbert, porte sa croix,
Et c'est pourquoi chacun évite les surcroîts ;
Nous ne sommes pas faits pour vivre dans les
[larmes ;
Le calme quelquefois remplace les alarmes,
Un jour heureux souvent succède aux mauvais
[jours,
Les heures de chagrin ne durent pas toujours,
Dieu n'a pas destiné tous les jours aux orages,
Et l'éclat du soleil dissipe les nuages.

LE SUICIDÉ

Il avait tant souffert que la coupe était pleine :
Il en avait assez à vingt-cinq ans à peine.

Il avait en soldat lutté jusqu'à la fin,
Enduré la misère et le froid et la faim :
Il n'avait rien connu que douleur sur la terre.
L'amour était pour lui resté comme un mystère :
Jamais un autre cœur ne battit sur le sien,
Car l'avare Paris ne donne rien pour rien ;
L'amour, comme le reste, est une chose à vendre,
Et qui n'a pas le sou ne doit pas y prétendre.
Enfin, l'âme rompue, et las d'avoir lutté,
Il tomba sans vigueur, broyé, brisé, dompté.

Il ferma le bouquin qu'il finissait de lire
— Sombre comme aujourd'hui nous savons en
                    [écrire —
Se mit un pistolet au front, et se tua.

Ah ! que ne lisait-il plutôt Gargantua !

On entendit le bruit, et le propriétaire
Arriva : « Quel tracas ! » dit-il avec colère.
« N'aurat-il pas mieux fait de se jeter à l'eau ?

« Sans compter que la balle a cassé mon carreau. »

DÉPIT AMOUREUX

Vous dont l'orgueil devant la femme capitule,
Chantez à ses genoux des poèmes nouveaux,
Que la postérité saluerait de bravos,
Plus touchants que les vers soupirés par Tibulle ;

Mettez, comme Samson, dans sa main la férule.
Le ciseau qui vous doit livrer à vos rivaux,
Déposez à ses pieds le fruit de vos travaux
Et filez humblement le rouet comme Hercule.

Elle vous foulera la nuque sous sa mule,
Et riant de la flamme ardente qui vous brûle.
Saura trouver ailleurs un insipide amant,

Et vous préférera quelque être ridicule,
Un Adonis, expert en nouveau vêtement,
Un muscadin Phœbus, un lancier Théodule.

LA BAIGNEUSE

L'Océan devient inquiet,
A la fois timide et sauvage
Sitôt qu'il voit un petit pied
Fouler le sable du rivage.
Le coquet feint d'être irrité,
Jette la lame sur la lame.
Voici venir Sa Majesté
    La Femme.

Les grands chênes se sont courbés
Pour garantir son front de reine ;
Feuilles et rameaux sont tombés
Tout autour d'elle dans l'arène,
Ainsi qu'un grand tapis jeté
Par un page aux pieds de sa dame.
Voici venir Sa Majesté
    La Femme.

Petits oiseaux, sur les pins verts,
Que vos chants lui rendent hommage !
Choisissez-lui vos meilleurs airs,
Votre plus pétillant ramage ;
Car jamais vous n'aurez fêté
Sujet plus digne de la gamme.
Voici venir Sa Majesté
  La Femme.

Et toi, si fier de ta splendeur,
Soleil aux vives étincelles,
Garde pour d'autres ton ardeur.
Respecte les traits doux et frêles.
Chevalier de l'immensité,
Adoucis un moment ta flamme ;
Voici venir Sa Majesté
  La Femme.

Au lieu de l'éventail absent,
Que de la mer et de la plaine
Un zéphir tiède et caressant
L'enveloppe de son haleine,
Porte à ses lèvres la gaieté,
Porte l'allégresse à son âme.
Voici venir Sa Majesté
  La Femme.

Vassale de l'homme d'autrefois
Elle devient sa suzeraine ;
L'ancien maître reçoit des lois ;
L'ancienne esclave est souveraine.
La force cède à la beauté
Que tout chante, adore et proclame :
Voici venir Sa Majesté
     La Femme.

PORT DE MER

Un léger duvet au menton,
Petite, brunette, et boulotte,
Fort en courroux, la matelotte,
Sans souci du qu'en dira-t-on,

Luronne qui porte culotte,
Malmène en public son Gaston.
Le traite, Dieu sait de quel ton,
Sans parler de mainte calotte.

Insoucieux du ridicule,
Le pêcheur, un type d'Hercule,
Robuste comme un Ottoman,

Le nez aquilin comme un Basque,
Se courbe et murmure humblement :
« Faut laisser passer la bourrasque. »

LES ÉTRENNES DU GARÇON COIFFEUR

Dans le choix d'un garçon barbier
Il faut agir avec prudence,
Tomber sur un gâte-métier
Est malheur de grande importance,
D'après la Bible, quand Samson
Prit Dalila pour perruquière,
Il perdit en un seul jour son
Courage et sa force guerrière.

Au lieu que quand vous présentez
Votre menton ou votre tête
A nos fers expérimentés,
Il vous paraît être à la fête.
Vous nous quittez dispos et frais,
Pleins de jeunesse et d'espérance,
Comme l'oiseau dans les forêts
Et croyant à l'Eau de Jouvence

Vos femmes en vous revoyant,
A la douceur sont plus enclines.
Plus un seul minois larmoyant,
Toutes contentes et calines.
Aussi, Messieurs, n'oubliez pas,
Pour l'amour de ces souveraines,
Le garçon qui vient, chapeau bas,
Vous demander quelques étrennes.

TOUR DE FORCE

Lorsque cet homme passe, on le montre du doigt.
Il va très fier, le nez au vent, le corps bien droit.
Chacun le considère ainsi qu'un vrai prodige.
Comment a-t-il conquis un semblable prestige ?
A-t-il au prix d'efforts furieux, insensés,
Arraché leur victime à des flots courroucés ?
Non. Mille autres l'ont fait dont on ne parle guère.
Mais il a fait bien plus ; car on l'a vu naguère,
Quand l'Océan semblait tout peuplé de démons,
Quand du large le vent soufflait à pleins poumons,
On l'a vu sur la rive, au fort de la tempête
Allumer une pipe avec une allumette
De la régie.
   Et nul, étranger, habitant,
Pêcheur, baigneur, jamais n'en avait fait autant.

LE DÉPART DU PÊCHEUR

Quand le pêcheur s'en est allé,
Toutes les femmes du village
L'ont escorté jusqu'à la plage
Avec le cœur moult désolé.
Beaucoup de larmes ont coulé ;
Les figures brunes et roses
Ont pris des mines bien moroses
Quand le pêcheur s'en est allé.

Quand le pêcheur s'en est allé,
Sur le rivage de la Canche,
Comme on a prié le dimanche
Pour le pauvre gars exilé !
C'était un gabier si réglé,
Si bon, si travailleur, si sage,
Fort de bras et doux de visage,
Quand le pêcheur s'en est allé.

Quand le pêcheur s'en est allé,
Son cœur battait aussi peut-être;
Mais il n'en laissait rien paraître
Et chantait sur le flot salé.
Sa mère, le cœur accablé
Avait les yeux remplis de larmes
Et le cœur tout bourré d'alarmes,
Quand le pêcheur s'en est allé.

Quand le pêcheur s'en est allé,
Se rappelant, la pauvre veuve,
Son mari noyé dans un fleuve,
Son faible corps en a tremblé.
Un matin, le peuple assemblé,
La conduisit au cimetière.
Il a fallu faire une bière
Quand le pêcheur s'en est allé.

Quand le pêcheur s'en est allé,
Il prenait un air digne et brave.
Un jour, sur le sable, une épave !
Le village accourt affolé,
Tout le pays en est troublé.
D'où venait cette planche frêle ?
Las, de la barque sur laquelle
Le pêcheur s'en était allé.

CARTHAGE ET PARIS-PLAGE

On dit que les premiers, des lions occupaient
Les lieux où fut Carthage. Et des tigres campaient
Aux endroits où plus tard les rivaux des Romains
Créèrent des palais, des temples et des bains,
Des colonnes de bronze et des maisons de pierre.

Le tigre recula. Secouant sa crinière
Devant l'homme, devant le progrès incessant,
Le lion étonné s'enfuit en rugissant.

Ici, renouvelant les prodiges antiques
Nous aussi, nous allons ériger des portiques,
Des cafés, des hôtels, des marchés, des chalets,
Sur la riante plage où manquent les galets.
Et comme les anciens ont chassé de leur terre
Les fauves, le lion, le tigre et la panthère,
Nous d'un courage égal, jusqu'au bois de sapins
Nous ferons hardiment émigrer les lapins.

A M. J. CH.

J'étais content, en vérité,
Pendant ces jours de bavardage
Que nous avons durant l'été
Passés ensemble à Paris-Plage.

Vous me contiez, mon lieutenant,
Les grandes trottes africaines,
Le rude poids du fourniment,
Les plaines succédant aux plaines.

Pendant que vous parliez ainsi,
Le ciel était pur, et la brise
Portait à nos fronts sans souci
Un parfum de terre promise.

Vous dépeigniez un sol rugueux
Une terre infertile et dure ;
L'Arabe accoutré comme un gueux,
Fier comme un roi sur sa monture.

Derrière nous riaient gaiement,
Dans la forêt, les jeunes filles ;
Tandis que sous le firmament
Les oiseaux modulaient leurs trilles.

Nous serions bien demeurés là.
Hélas ! Quand le devoir appelle,
Fût-ce à Bougie ou Chellala,
Impossible qu'on se rebelle.

Mais sur ce rivage lointain,
Vous regrettez encor, je gage,
Nos promenades du matin,
Nos causettes de Paris-Plage ;

Et quand le soleil quelquefois
Darde ses feux sur la grand'route,
Dans les pays sans eau ni bois,
Vous racontez alors sans doute

A vos amis, tout en marchant
Par la plaine nue et déserte,
Nos oiseaux qui jettent leur chant
Dans la feuillée épaisse et verte ;

Le repos sous le sapin frais
Où roucoulait une fauvette ;
Nos promenades sous forêts
Et nos pêches à la crevette.

LA PIPE DE L'ALSACIEN

— Elle n'est pas en porcelaine,
C'est un Gambier qu'un vrai gabier,
Un gars d'Etaples, à Coulmier,
M'a léguée encor presque pleine.

— « Prends-là m'a-t-il dit, j'aurais peine
« D'avoir un indigne héritier.
« Dans tous les coins du monde entier
« Ma pipe a pris son teint d'ébène.

« Les Allemands, je le vois bien,
« Garderont le sol alsacien.
« Elle te dira la patrie. »

— Dans la tombe où je dormirai,
Amis, mettez, je vous en prie,
Mon brûle-gueule tout bourré.

FLANDRE

La Flandre tour à tour, dans son orgueil divers,
Montre les fiers marchands ou les peintres d'Anvers.
Oh ! les marchands de Flandre, au cri d'indépen-
[dance,
Toujours prêts à troquer l'aune contre la lance.

Et les peintres flamands : maisons blanches, prés
[verts,
Cabarets enfumés aux buveurs grands ouverts,
Fillette d'un soufflet châtiant l'impudence
Du garçon qui l'agace au sortir de la danse.

Mais il fallait les voir, quand pour la liberté
Les peintres rejetaient leurs pinceaux de côté
Et que d'obscurs manants, vendeurs de draperie,

Se prenaient par la main, et se serrant bien fort
Broyaient dans leur élan sous un puissant effort
Les gens bardés de fer de la chevalerie.

Car jamais ces vilains n'avaient courbé leurs
                                    [fronts ;
Car, dès les temps passés, leurs farouches ancêtres
Plutôt que de plier, que d'accepter des maîtres,
Volaient à la bataille en s'écriant : Mourons !

Comme ils étaient hardis et comme ils étaient
                                    [prompts
A sortir des cités ou des grands bois de hêtres,
Avec leurs sénateurs, leurs chefs et leurs grands
                                    [prêtres,
Sitôt que les Romains campaient aux environs.

Les armures d'airain ne les effrayaient pas ;
Ils souriaient encor en allant au trépas ;
Le ciel tombant n'eût pas ébranlé leur courage.

Et César, impuissant à leur dicter des lois,
Admirait leur vaillance et disait avec rage :
— Ces hommes là, ce sont les plus forts des Gau-
                                    [lois.

LE VALET DE FERME

Ecoutez du valet de ferme
  Les chants,
Quand il arpente d'un pas ferme
  Les champs ;

Quand il contemple la luzerne
  Le blé...
Mais il entend à la caserne
  Troublé,

Le tambour qui bat et fait rage
  Très fort.
Las ! Voici venir le tirage
  Au sort.

Il va prendre, ce bon apôtre,
  Demain,
Le fusil Gras tout comme un autre
  En main ;

Et pour sauver notre héroïque
Drapeau,
Se fera trouer sans réplique
La peau.

LA REVANCHE DU CAPITOLE

Un militaire à l'air bravache,
Artésien à blonde moustache,
Repose ses membres charnus
Sur un piédestal de Vénus.

C'est le vengeur, sans qu'il le sache,
De nos aïeux que ce sol cache,
Des fiers compagnons de Brennus
Qui se battaient aux trois quarts nus.

L'Étaplais ignore l'histoire
De Rome, de sa vieille gloire,
De Brutus, Camille et Tarquin ;

Mais l'œil éblouissant de joie,
Le vétéran républicain
Tord en riant le cou d'une oie.

LE PAVILLON

J'aime à te voir briller sur notre sémaphore,
Drapeau de mon pays, pavillon tricolore.
Car quelle autre bannière a connu sous les cieux
Un passé plus brillant, des jours plus glorieux ?
Appelez-moi chauvin si vous voulez, n'importe !
Je ne sais quelle ardeur m'embrase et me trans-
                                        [porte
A songer aux exploits de nos prédécesseurs.

Ils s'en allaient, brisant partout les oppresseurs.
Ils portaient l'étendard à tous les coins du monde ;
Au sol où le Nil suit sa course vagabonde,
Ils ont épouvanté les fils de Mahomet ;
Grimpé, dans le Piémont, jusqu'au plus fier som-
                                        [met ;
Couru d'Alsace en Suisse et d'Espagne en Russie.
Le front dressé, la main par la poudre noircie ;
Comme des sangliers, par les chemins poudreux,
Ils suivaient le drapeau qui flottait devant eux.

Puis lorsqu'au firmament se sont ternis les astres,
Lorsque l'heure a sonné des lugubres désastres,
Nous nous sommes serrés plus encore qu'avant
Tout autour de ses plis agités par le vent,
Et l'amour de la France a brûlé dans notre âme.
D'une nouvelle ardeur, d'une plus pure flamme.
Et le drapeau vaincu, le drapeau des aïeux
A brillé d'un éclat plus vif devant nos yeux.
Saluez, voyageurs de l'Océan immense ;
Saluez, matelots, le pavillon de France.

D'ÉDOUARD SIGNORINO

Enseigne de vaisseau à bord de la canonnière *Le Scorpion*,
Décédé à St-Denys (Réunion) le 13 Avril 1886.

Vingt-sept ans et mourir quand déjà l'espérance
Ouvrait devant ses pas les plus nobles chemins,
Quand déjà l'étendard adoré de la France
Dressait avec orgueil ses couleurs dans ses mains !

Ah ! sans doute, il rêvait de grandes destinées ;
Le monde est bien petit pour ces fiers matelots
Qui des rocs les plus durs, aux terres fortunées,
Promènent nos drapeaux vainqueurs de flots en
[flots.

Et lui ! C'était un fils d'une vaillante race ;
Car, autrefois, grisé par le bruit du tambour,
Son père avait quitté Saverne et son Alsace
Et franchi le front haut le plateau de Phalsbourg ;

Il avait pour berceau cette plaine féconde,
Stérile en cœurs craintifs et fertile en guerriers,
Dont les fils ont porté dans tous les coins du monde
Le nom du cher pays banni de leurs foyers.

Et le simple troupier, monté de grade en grade,
Avait fait à son tour honneur aux bords du Rhin.
La mort l'avait frappé général de brigade,
Le père était soldat et l'enfant fut marin.

Ah ! sans doute, il rêvait de marcher sur la trace
De ces âmes sans peur, sans souci du destin,
Les Hell ou les Bruat, nés dans les champs d'Alsace,
Et partis comme lui sur l'Océan lointain.

Oh ! le coup effrayant ! oh ! la douleur amère !
Aux rivages déserts, deux yeux suivaient ses pas;
Deux yeux étincelants d'amour; deux yeux de mère;
Et cette mère apprend qu'il ne reviendra pas.

Puisse-t-elle en songeant au fort de la souffrance,
Que le père et le fils, objets de tant de pleurs,
Ont tous deux tour à tour succombé pour la France,
Puisse-t-elle un instant consoler ses douleurs.

Puisse-t-elle affermir son âme et son courage !
Sans oublier les morts, puisse-t-elle sentir
Quelque rayon d'orgueil éclairer son visage,
En songeant au dicton : Bon sang ne peut mentir.

Puissent ceux-là, qui loin de la terre natale,
A la balle ennemie, au climat meurtrier,
Ont succombé, héros d'une lutte fatale,
Sans revoir leurs amis, sans revoir leurs foyers,

Puissent-ils à jamais voir à travers les âges,
Leur immortel renom, leur noble souvenir,
Aller de siècle en siècle en dépit des orages,
Et pour l'éternité voguer vers l'avenir.

Que leur exemple apprenne à la race future
Comment sans hésiter, sans chercher à prévoir,
Il faut donner son sang et sa vie en pâture
A son chef, son drapeau, son honneur, son devoir.

Ceux qui tombent ainsi frappés à leur aurore,
Disaient les fiers Romains vainqueurs de nos aïeux.
Ceux qui, pour leur pays, meurent jeunes encore,
Ne les plaignons pas trop ! ils sont aimés des dieux.

8

CHANSON DE PÊCHEURS

Nous vous chanterons toujours,
Notre femme et Notre-Dame,
Notre culte et nos amours,
Notre-Dame et notre femme.

Lorsqu'un orage est en l'air,
Nous invoquons Notre-Dame,
Lorsque nous partons en mer,
Nous embrassons notre femme.

Ne nous laissez point périr,
En naufrage, Notre-Dame :
Car vous feriez trop souffrir,
Gémir, pleurer notre femme.

Nous ne plions les genoux
En mer que pour Notre-Dame ;
Nul ne nous fait filer doux
A terre que notre femme.

Vous n'avez point même lot :
Sur mer, c'est vous, Notre-Dame,
Qui guidez le matelot ;
Sur terre, c'est notre femme.

Vous régnez au firmament,
Auprès de Dieu, Notre-Dame.
Mais notre gouvernement,
Ici-bas, c'est notre femme.

Quand de loin nous revenons
Protégés par Notre-Dame,
Que déjà nous devinons
Le logis de notre femme,

Nous poussons des cris vainqueurs
En l'honneur de Notre-Dame ;
Nous sentons battre nos cœurs,
En pensant à notre femme.

A l'église nous montons ;
Vite, un cierge à Notre-Dame :
Ensuite nous remettons
Tout l'argent à notre femme.

Sans argent, comment pêcher
Et contrister Notre-Dame ?
Car défense de toucher
Au magot de notre femme.

Nous ne le reverrons plus
Le cierge de Notre-Dame ;
Adieu de même aux écus
Bien serrés par notre femme.

Daigne jusqu'au dernier jour
Nous diriger Notre-Dame
Et nous conserver l'amour
Et la loi de notre femme !

Si le veuvage est venu
Il faut prier Notre-Dame,
Obéir à notre bru
Comme avant à notre femme.

Marins comme leurs aïeux
Nos fils prieront Notre-Dame ;
Ils l'auront pour reine aux cieux
Pour reine ici-bas leur femme ;

Décoreront à leur tour
Vos chapelles, Notre-Dame.
S'inclineront au retour
Sous le sceptre de leur femme.

Comme nous, dans leur travail,
Se fieront à Notre-Dame :
Laisseront le gouvernail
Dans la maison à leur femme.

Ainsi les choses iront
Tant que voudra Notre-Dame,
Que les pêcheurs pêcheront
Et que sourira la femme.

Si l'un de nos descendants
Trahit jamais Notre-Dame
Résiste, montre les dents,
Désobéit à ta femme,

Nous renions ce bandit :
Oubliez-le, Notre-Dame.
Qu'il soit délaissé, maudit !
Débarrassez-en sa femme.

Mais non, on ne verra pas.
— A votre autel, Notre-Dame,
Nous le jurons, chapeau bas,
A tes genoux, notre femme —

Dans notre postérité
Pêcheur traître à Notre-Dame,
Jamais pêcheur révolté
Contre un ordre de sa femme.

Tous diront au grand moment
Leur prière à Notre-Dame,
Et pour jamais s'endormant
Béniront encor leur femme.

Nous célébrerons toujours
Notre femme et Notre-Dame,
Notre culte et nos amours,
Notre-Dame et notre femme.

LE 24 JUIN 1887

On dit, Canadiens, mes amis,
Qu'il vous advient parfois de croire
Que les Français des vieux pays
Ont oublié la vieille histoire ;

De répéter en soupirant
Que le récit des grandes guerres
Et les rives du Saint-Laurent
Ne nous intéressent plus guères.

Frères que loin de la maison
A poussés l'esprit d'aventure
Vous faites là, non sans raison,
Procès à l'humaine nature.

Loin des yeux, loin du cœur, dit-on ;
Pourtant j'en sais plus d'un en France,
Qui, faisant mentir le dicton,
Songe à vous malgré la distance.

Tout d'abord, apprenez ceci :
Quelques amis — une douzaine —
Tous bons convives, Dieu merci !
Le jour de la Saint-Jean prochaine.

Tous bons Français, tous bons lurons,
Tous de l'humeur la moins sauvage,
Ensemble nous nous trouverons
Dans un hôtel de Paris-Plage :

— Un hôtel tout neuf, s'il vous plaît,
Fait de *galandage* et de brique —
Et lèverons le gobelet
Pour boire aux Français d'Amérique.

LE QUI-VIVE

Nous saluons avec fierté
Ton arrivée à notre rive,
Toi qui sur le Rhin as porté
Le nom si français de *Qui-Vive*.

Petit navire de carton,
Les gens du côté de Cologne
T'ont bombardé, raconte-t-on,
A coups de pierre sans vergogne.

Car tu portais innocemment
Le drapeau que ce peuple abhorre ;
Rien n'horripile l'Allemand
Comme un pavillon tricolore.

Raison de plus en vérité,
Pour qu'oubliant leur folle rage,
Comme un frère tu sois fêté,
Ami *Qui-Vive*, à Paris-Plage.

APRÈS LE SAUVETAGE

Le matelot qui vient aux fureurs maritimes,
Au péril de ses jours, d'arracher trois victimes,
Se tient au bord de l'eau, debout, les yeux ardents,
Joyeux et fier, les bras croisés, la pipe aux dents.
Il nargue encor ces flots vaincus par son courage.

Et la mer qui bouillonne encore et qui fait rage
Lui jette une menace à travers l'ouragan :
— Je te rattraperai quelque jour, va, brigand.

LA TEMPÊTE

La tempête arrive
Et mugit très fort.
Nul bateau ne sort,
La terreur est vive.

La barque craintive.
Là bas, loin du port,
Avec grand effort
Regagne la rive.

On entend crier,
Comme à plein gosier,
La vague en furie.

Et d'un ton amer,
Un gendre s'écrie :
— Quelle belle mer !

UNE EXCUSE

Traduit d'Uhland.

Il est vrai, dans mes vers, j'ai mainte fois chanté
Les plaisirs de l'amour quand la nuit solitaire
Répand, comme un bandeau, son ombre sur la terre ;
Mais c'était fantaisie, et j'ai tout inventé.

Devant ton tribunal, je dis la vérité ;
J'ai toujours de l'amour ignoré le mystère
Calme donc tes transports ; car j'aurais dû le taire
Dans le cas plus heureux où j'en aurais goûté.

Idole de mon cœur ; que ton courroux s'apaise,
Et de mes fictions souriant à ton aise
Lis d'un œil plus clément mes rêves dans mes vers.

Le poète parfois, oubliant son délire,
S'endort, pendant son luth à quelques rameaux
                                  [verts ;
Ce sont les vents alors qui font vibrer sa lyre.

LA FLÈCHE DU PARTHE

Savez-vous ce que c'est que la flèche du Parthe ?
C'est la flèche qu'on lance avant que l'on ne parte.

FIN DE SAISON

Il pleut, bergère, il pleut. Octobre tout mouillé
Pleure à travers le bois à demi-dépouillé
Où le moineau frileux jette un cri monotone.
Précurseur de l'hiver, voici le sombre automne
Comme un soleil anglais, notre soleil est blanc.
L'hirondelle s'enfuit vers un ciel plus brûlant,
Et le baigneur, frileux, ainsi que l'hirondelle,
Fait ses malles, et va s'envoler avec elle.
La majesté des flots, l'odeur du sapin vert,
Tout cela perd son charme au souffle de l'hiver.
Chacun fuit vers le sud ou vers la capitale,
Et comme dit, avec sa pompe orientale,
Un poète persan que j'ai lu quelque part :
La main du Destin bat le tambour du départ.

29306. — AMIENS. — IMP. T. JEUNET.